Vente du Jeudi 16 Décembre 1896

A DEUX HEURES PRÉCISES

Hôtel Drouot — Salle n° 11

DESSINS ORIGINAUX

PROVENANT DU

Courrier Français

EXPOSITION PUBLIQUE

le Mercredi 15 Décembre, de 2 à 6 heures.

Me Jules PLAÇAIS
COMMISSAIRE-PRISEUR
29, rue de Maubeuge

Me Ed. KLEINMANN
EXPERT, MARCHAND DE DESSINS
8, rue de la Victoire

PARIS — 1896

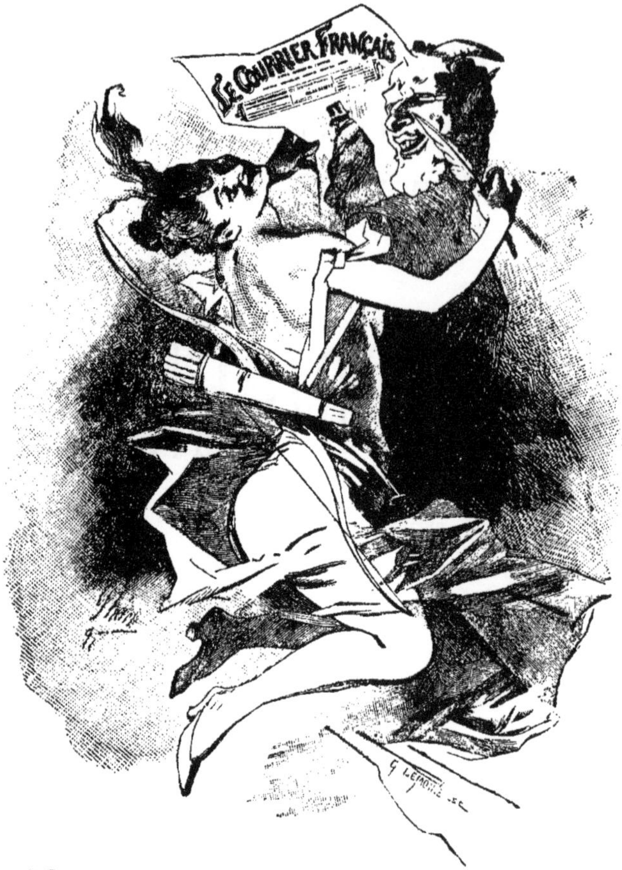
LE COURRIER FRANÇAIS

Catalogue des Dessins

MIS EN VENTE

à l'Hôtel Drouot, Salle n° 11

le Jeudi 17 Décembre 1896

Beardsley.
Chéret.
Corbould.
Coulon (Émile).
Faverot.
Forain.
Guédan (Martin).
Guillaume (Albert).
Hartrick.
Hermann Paul.
Legrand (Louis).
Lunel.
Maurice.
Penot.
Pille (Henri).
Rassenfosse (Armand).
Roedel.
Roubille.
Saugert.
Tronchet.
Willette (A.).

Me Jules PLAÇAIS
Commissaire-Priseur
29, rue de Maubeuge.

Me Ed. KLEINMANN
Expert, Md de Dessins
8, rue de la Victoire.

Exposition publique le Mercredi 16 Décembre.

Tous les Dessins et épreuves sont vendus avec interdiction formelle de droit de reproduction.

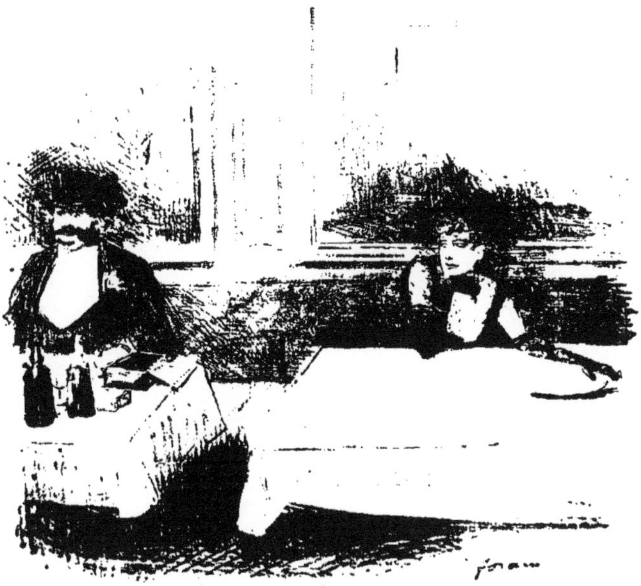

Dessin de J. Forain, nº 17 du Catalogue.

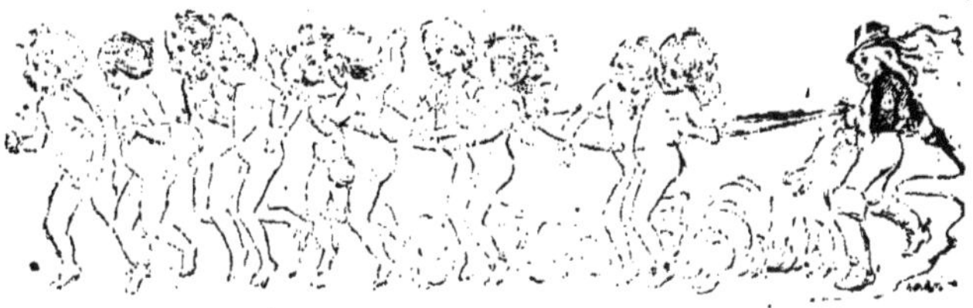

Dessin de A. Willette, n° 84 du Catalogue.

CONDITIONS DE LA VENTE

Elle se fera au comptant.

Les acquéreurs paieront, en sus des adjudications, cinq centimes par franc.

Les dessins sont vendus avec interdiction formelle de droit de reproduction.

M. Kleinmann se charge des commissions des personnes qui ne pourraient assister à la vente.

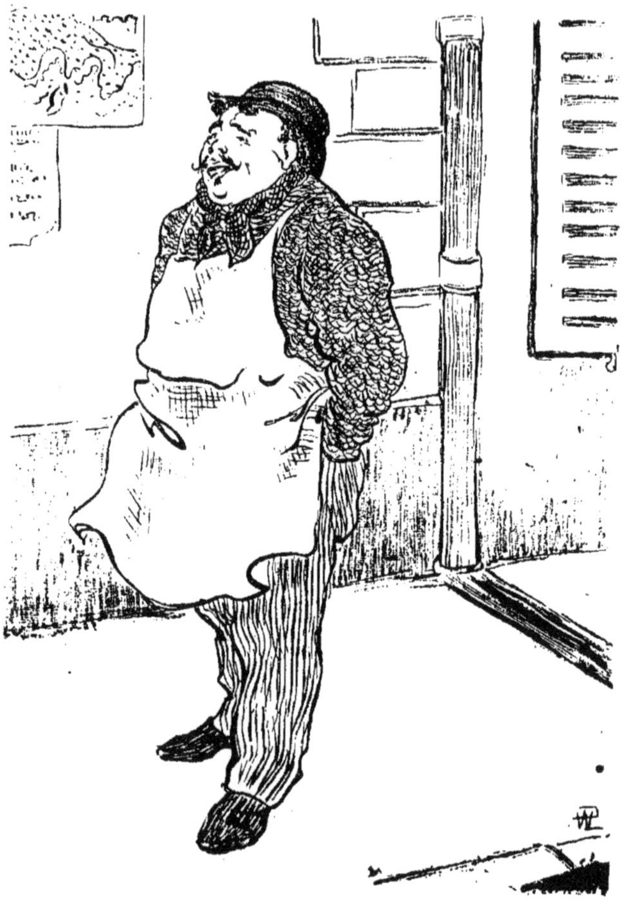

Dessin de Hermann Paul, N° 23 du Catalogue.

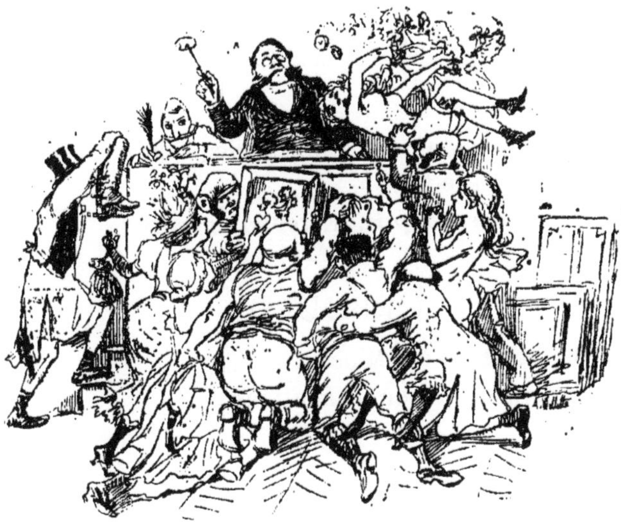

Dessin de A. Willette, n° 82 du Catalogue.

DESSINS

BEARDSLEY

1. Dessin.

CHÉRET

2. Croquis pour le Quinquina Dubonnet. (Epreuve unique.)
3. Arlequine. (Epreuve unique sur chine.)
4. Bal de l'Opéra. (Epreuve unique sur chine.)
5. Epreuve unique sur chine pour les *Maîtres de l'Affiche*.
6. Epreuve unique sur chine pour les *Maîtres de l'Affiche*.
7. Marmitons. (Epreuve lithographique.)

8. Epreuve d'une affiche pour le Quinquina Dubonnet avant la lettre.
9. Le *Courrier français*. (Epreuve en bistre.)

CORBOULD

10. A la recherche des Mines d'or.
11. Les dernières recommandations.

COULON (Emile)

12. Houri d'Occident.

FAVEROT

13. — Ah! sale bête! rien que des sous étrangers.
14. Fantaisie clownesque.
15. Au Palais de Glace.

FORAIN

16. — C'est fini! (Epreuve unique sur chine.)
17. Epreuve unique sur chine.

GUÉDAN (Martin)

18. 1er Mai.

GUILLAUME (A.)

19. Une entrée au Bal antique du *Courrier français*.

HERMANN PAUL

20. Un ami qui fait honneur.
21. Confidence.

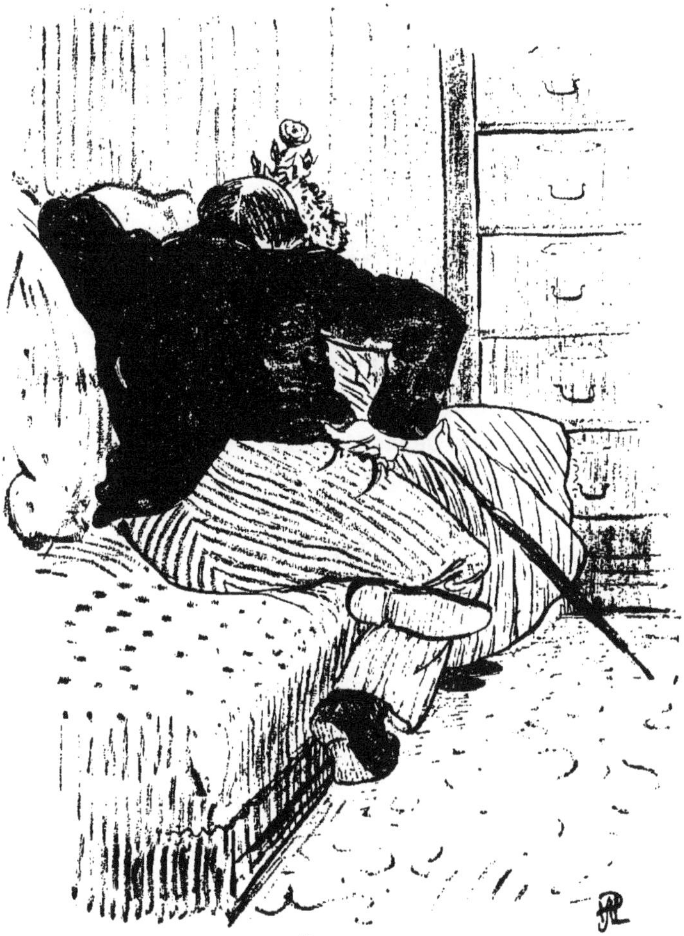

Dessin de Hermann Paul, n° 22 du Catalogue.

22. Le Fonctionnaire.
23. Tonneaux, tonneaux...
24. Cauchemar.
25. Passage à niveau.
26. Projet pour un bronze à offrir au général Duchesne.
27. Un début au Palais de Glace.

HARTRICK

28. Le Départ du marin.

LEGRAND (Louis)

29. Far-niente.

LUNEL

30. Mme Debriège.
31. Pour une fête de bienfaisance.
32. En-tête de chronique.

MAURICE

33. Au Palais de Glace.

PENOT

34. La Réclame.

PILLE (Henri)

35. A la Porte-Saint-Martin. — *Jacques Callot.*
36. Partant pour la promenade.
37. A la foire.

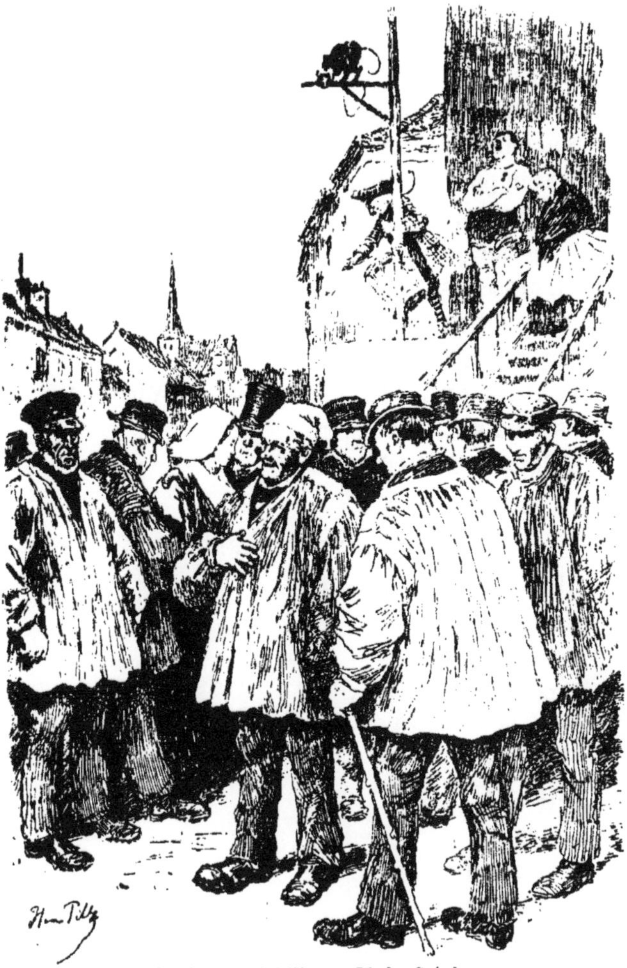

Dessin de Henri Pille, n° 37 du Catalogue.

38. La Fête des fous.
39. Souvenir de Langnau.
40. Gilles.
40bis Attendant l'arrivée du Souverain.
41. Souvenir de Berne.
42. Dessin pour un menu de la Poule-au-Pot.
43. Pâturages.
44. L'Épicier.
45. En descendant le grand escalier.
46. Distribution des prix.
47. Les Anglais en voyage.
48. Le Patinage sur le Zuider-Zée au XVIe siècle.
49. Les Chats à Montmartre.
50. L'Enfance de Gargantua.

RASSENFOSSE (Armand)

51. Almée. (Dessin rehaussé.)
52. Hiercheuse.
53. Exotisme.
54. Cigale.
55. Croquis.
56. Lettre D.
57. Lettre E.
58. Lettre D.
59. Femme au corset.
60. Printemps.
61. Dessin.
61bis Marchand de beurre. (Epreuve.)
62. Coquetterie. (Epreuve.)
63. Eloge de la Folie. (Epreuve.)
64. Sortie de bal. (Epreuve en couleur.)
65. Salomé. (Epreuve en couleur.)

ROEDEL

66. Le Jour des Rois.
67. Encadrement.

ROUBILLE

68. *Frileuse.*
69. Bonne fatigue.

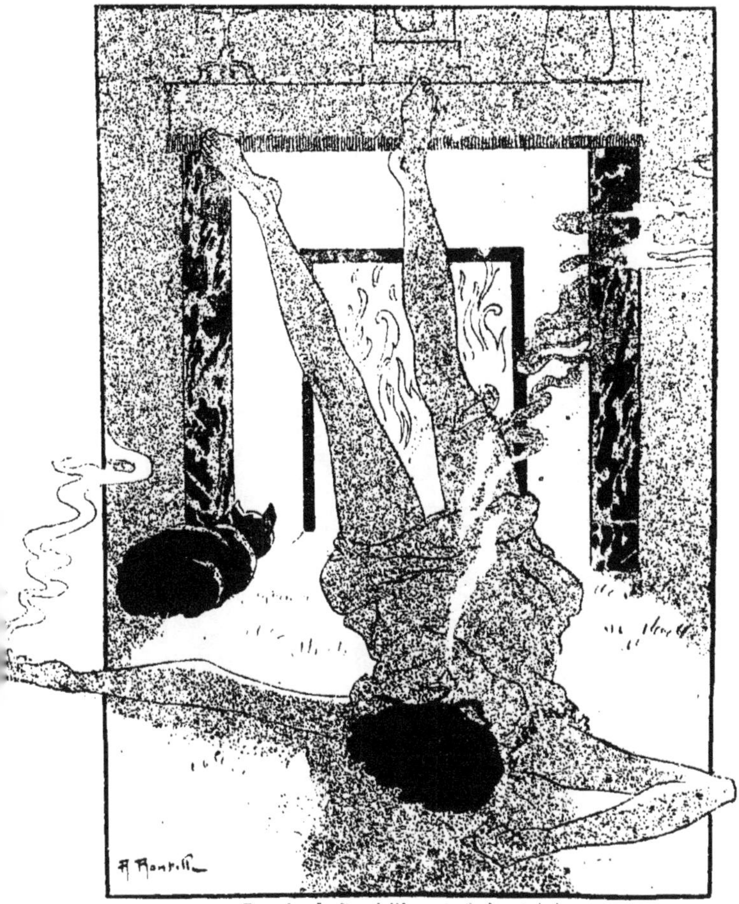

Dessin de Roubille, n° 68 du Catalogue.

70. — Encore une qui ne le gagne pas à la sueur de son front.

71. Même destinée.

72. Au Palais de Glace.

SAUGERT

73. — Achetez-moi du gui, mes bonnes dames, du gui qui porte bonheur.

TRONCHET

74. Quelques costumes du Bal du *Courrier français.*

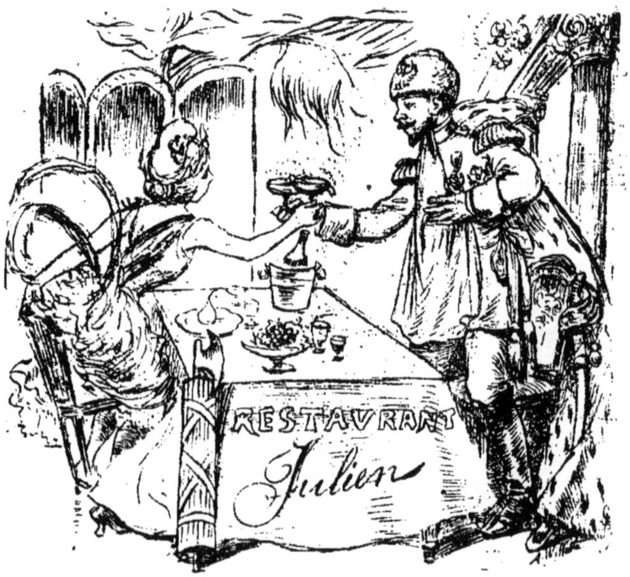

Dessin de A. Willette, nº 80 du Catalogue.

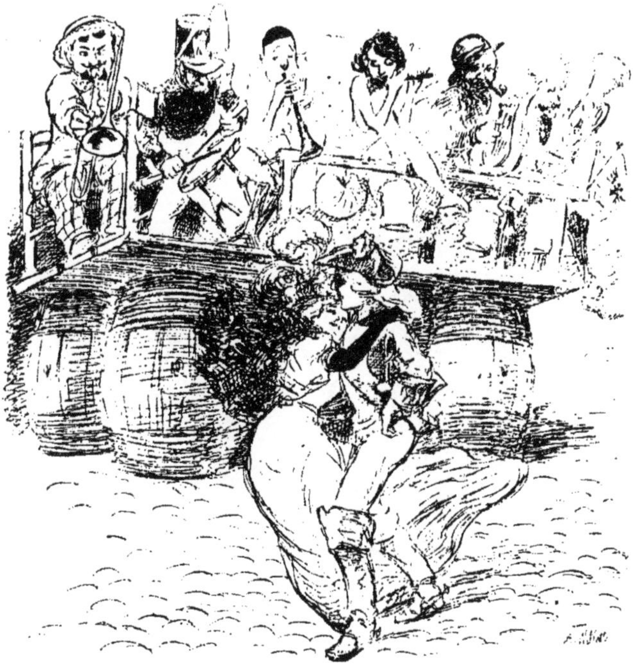

Dessin de A. Willette, nº 86 du Catalogue.

WILLETTE (A.)

75. *Le Toast.* — « A... sir Richard Wallace! »
76. *L'Hirondelle d'hiver.* — « Ouh! On ne veut plus de marrons, bougri de bougra de la mastagouine. »
77. — Embrassez-vous, vagues humanités, le printemps c'est la trêve de Dieu.
78. Menu pour la Poule-au-Pot.
79. Au Palais de Glace. — Le Lait de l'amour.
80. L'Alliance franco-russe au Restaurant Julien.

80bis Le Déjeuner d'une Parisienne.

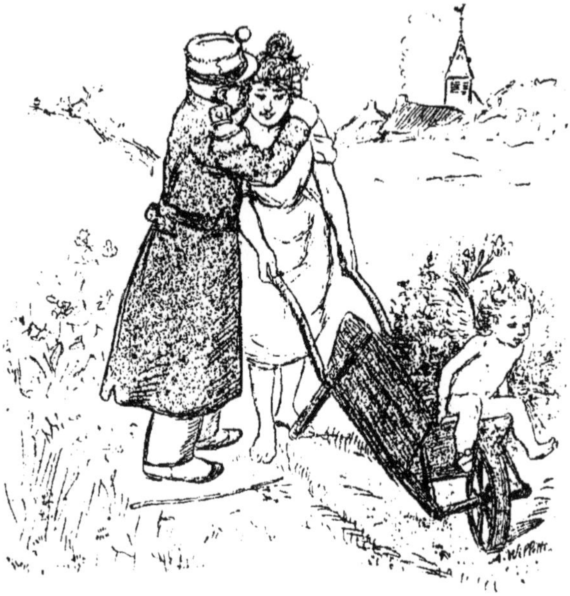

Dessin de A. Willette, n° 77 du Catalogue.

81. Menu d'un dîner de la Poule-au-Pot, donné à la Maison-Dorée.
82. La vente des dessins du *Courrier français*.
83. Dessin pour le menu du Restaurant Julien.
84. Dessin pour un programme de la Fête des Ambassadeurs.
85. — Voulez-vous bien vous sauver les amoureux! Vous allez abîmer ma neige.
86. 14 juillet. — L'orchestre du *Courrier français*.
87. Le Boulevard.
88. Brouillard de Toussaint.
89. Le père La Pudeur au Cirque Molier (scène équestre représentée le 17 juin 1895).
90. Dessin de la Carte des vins du Restaurant Julien.

91. Hommage aux Goncourt. (Epreuve sur chine, très rare.)

92. La Revue déshabillée. (Epreuve sur japon.)

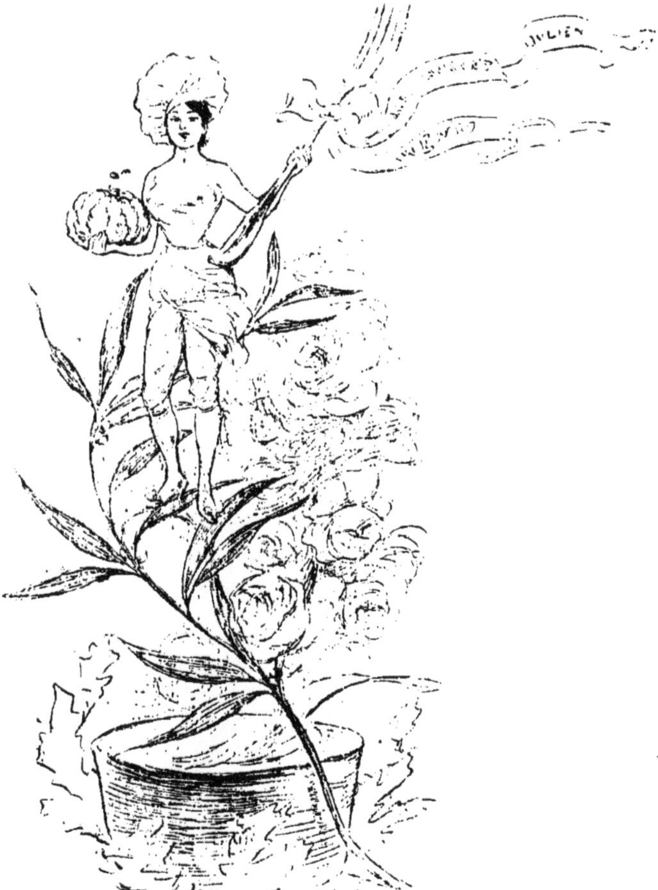

Dessin de A. Willette, nº 83 du Catalogue.

93. La Revue déshabillée avec chemise.

94. Croquis.

95. Croquis.

96. Projets de costumes pour le Bal blanc du *Courrier français*.

97. Dessin pour une invitation du *Courrier français*.

98. — Merde... ma chambre *aussi* est prise.

99. — J't'en prie, Joséphine, laisse-moi me réchauffer, j'ai les pieds gelés !

100. Les Braseros en hiver. — Dessin pour les Pastilles Poncelet.

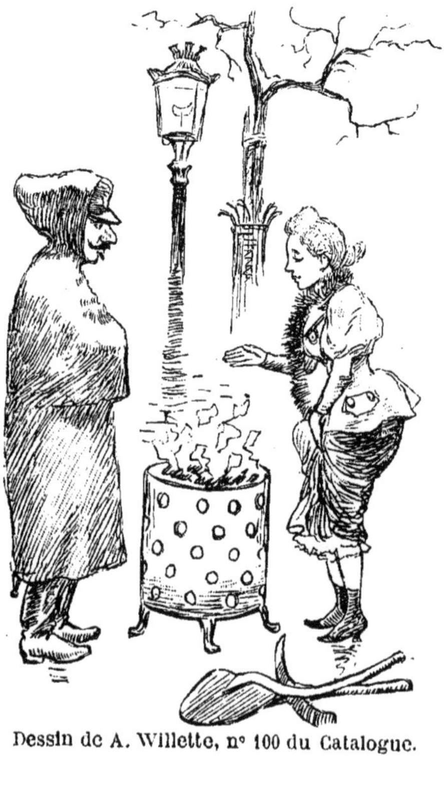

Dessin de A. Willette, n° 100 du Catalogue.

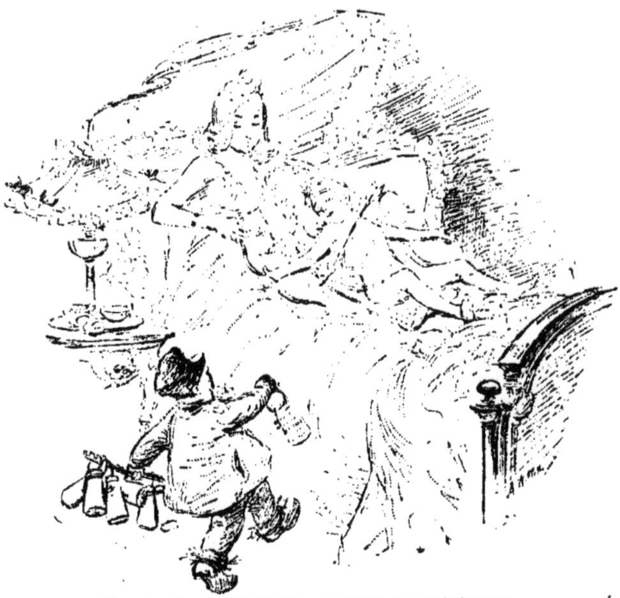

Dessin de A. Willette, n° 80bis du Catalogue.

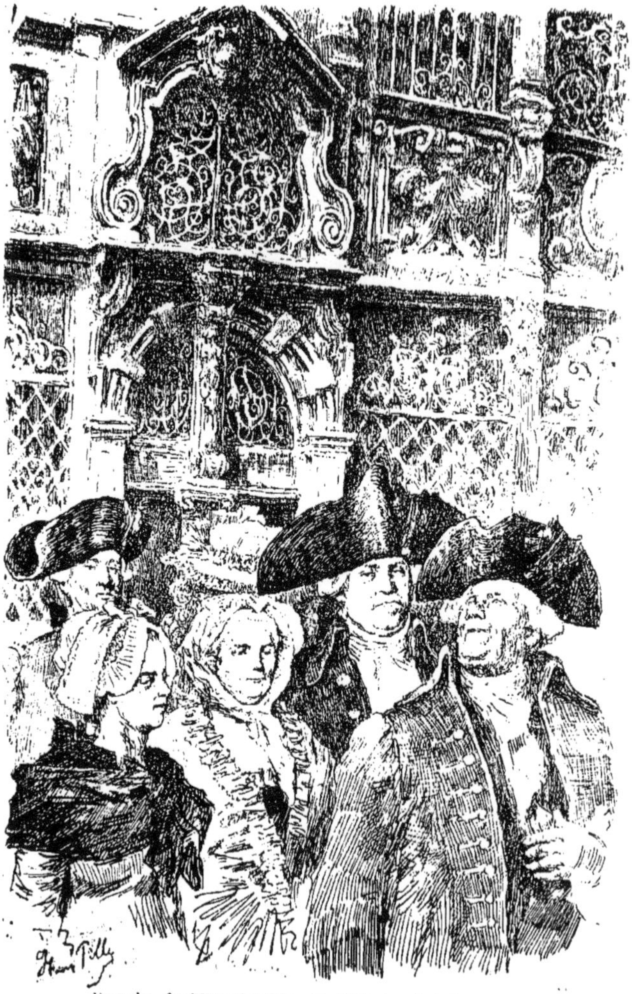

Dessin de Henri Pille, n° 40 bis du Catalogue.

Paris. — Imprimerie Paul Lemaire, 14, rue Séguier.

www.ingramcontent.com/pod-product-compliance
Ingram Content Group UK Ltd.
Pitfield, Milton Keynes, MK11 3LW, UK
UKHW032028260826
14628UKWH00006B/2794

9 782329 541044